RES
R?

Jugamos

LA PELOTA

Montse Ganges
Tommaso

Combel
EDITORIAL

www.combeleditorial.com

UNA PELOTA DE BALONCESTO...

Una pelota de baloncesto...

PARA BOTARLA Y ENCESTAR.

para botarla y encestar.

UNA PELOTA DE TENIS...

Una pelota de tenis...

¡PARA DARLE UN BUEN GOLPE
DE RAQUETA!

¡para darle un buen golpe
de raqueta!

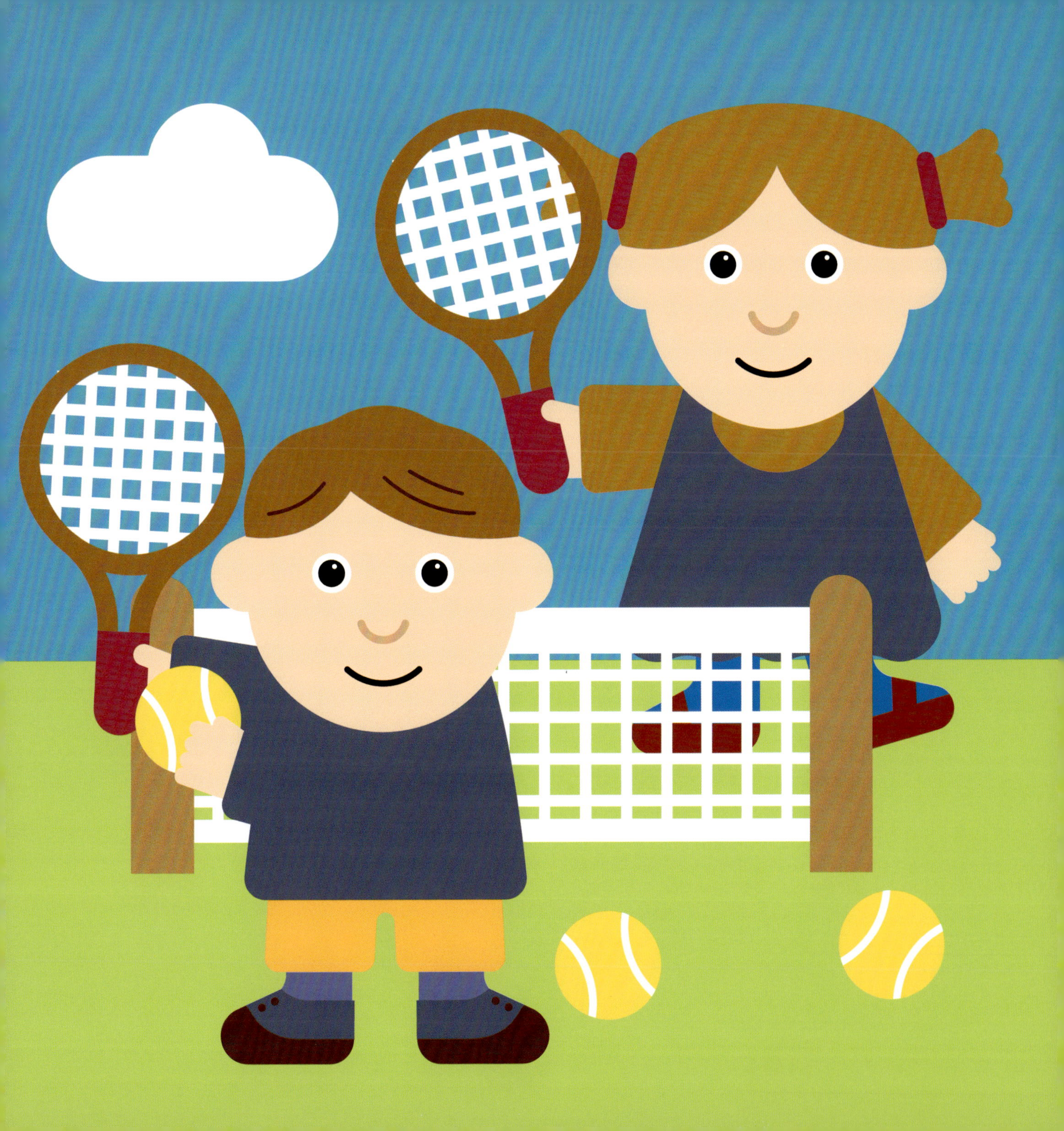

UNA PELOTA DE RUGBY...

Una pelota de rugby...

ERC
Cup
webb ellis

PARA CORRER Y PASARLA.

para correr y pasarla.

UNA PELOTA DE VOLEIBOL...

Una pelota de voleibol...

HI-TEC AIR PIN SYSTEM
ORIGINAL VOLLEY BALL
REC PRESSURE

¡Y UN BALÓN!...

¡Y un balón!...

PARA CHUTAR Y MARCAR UN GOL.

para chutar y marcar un gol.

CADA PELOTA TIENE SU JUEGO Y SUS JUGADORES. ¿TE ACUERDAS?

FÚTBOL

BALONCESTO

TENIS

RUGBY

VOLEIBOL

OBSERVA ESTA FOTO. ¿A QUÉ DEPORTE JUEGAN ESTOS NIÑOS Y NIÑAS?

RECUERDA QUE EN EL DEPORTE LO MÁS IMPORTANTE ES PASARLO BIEN. SI PIERDES, NO TE ENFADES. SI GANAS, CELÉBRALO CON DEPORTIVIDAD.

¿QUIERES JUGAR?